Bibliografische Information der Deutschen Nationalbibliothek:

Die Deutsche Bibliothek verzeichnet diese Publikation in der Deutschen National-
bibliografie; detaillierte bibliografische Daten sind im Internet über http://dnb.d-
nb.de/ abrufbar.

Impressum:

Copyright © 2018 GRIN Verlag
Druck und Bindung: Books on Demand GmbH, Norderstedt Germany
ISBN: 9783668888715

Dieses Buch bei GRIN:

https://www.grin.com/document/456053

Dominik Horwath

Blockchain-Technologie in der Logistik

Darstellung der Einsatzmöglichkeit der Blockchain ab Version 2.0, sowie der Grundlagen für die Implementierung

GRIN Verlag

GRIN - Your knowledge has value

Der GRIN Verlag publiziert seit 1998 wissenschaftliche Arbeiten von Studenten, Hochschullehrern und anderen Akademikern als eBook und gedrucktes Buch. Die Verlagswebsite www.grin.com ist die ideale Plattform zur Veröffentlichung von Hausarbeiten, Abschlussarbeiten, wissenschaftlichen Aufsätzen, Dissertationen und Fachbüchern.

Besuchen Sie uns im Internet:

http://www.grin.com/

http://www.facebook.com/grincom

http://www.twitter.com/grin_com

Standort München

Berufsbegleitender Studiengang

Wirtschaftsinformatik (B. Sc.)

4. Semester - Hausarbeit

Blockchain-Technologie in der Logistik

Autor: Dominik Horwath

Abgabetermin: 31.08.2018

Inhaltsverzeichnis

Abbildungsverzeichnis

Abkürzungsverzeichnis

1. Einleitung

1.1 Problemstellung

Durch den rasanten Wertanstieg der Kryptowährung Bitcoin im Dezember 2017 wurden Kryptowährungen und die dafür benötigte Basis Technologie Blockchain immer präsenter. Ursprünglich wurde 2008 unter dem Pseudonym Satoshi Nakamoto das Whitepaper „Bitcoin: A Peer-to-Peer Electronic Cash System" veröffentlicht. Darin wurde der Bitcoin und die Funktionsweise, d.h. die Blockchain das erste Mal beschrieben.[1] Die Einsatzmöglichkeiten der Blockchain enden jedoch keinesfalls bei Kryptowährungen. Aktuell existieren drei Versionen der Technologie, wobei sich die erste Version ausschließlich mit der Zahlungsabwicklung von Kryptowährungen beschäftigt. Ob Folgeversionen der Technologie einen Mehrwert oder Einsatzmöglichkeiten für die Logistik bieten, wird in dieser Seminararbeit erarbeitet.

1.2 Forschungsfrage

Darstellung der Einsatzmöglichkeit der Blockchain ab Version 2.0, in den funktionalen Bereichen der Logistik, sowie der Grundlagen für die Implementierung.

1.3 Ziel der Arbeit

Das Ziel dieser Arbeit ist es die Grundlagen der Technologie Blockchain zu erklären, da hierbei noch Unklarheit herrscht. Dies geht beispielsweise aus der Umfrage „Supply Chain Hot Trends" hervor, bei der 69% der 195 Befragten angaben, dass sie noch dabei sind die Technologie zu verstehen.[2] Des Weiteren sollen die Grundlagen der Implementierung, Einsatzmöglichkeiten und Mehrwerte für die Logistik dargestellt werden.

1.4 Aufbau der Arbeit

Der erste Teil beschäftigt sich mit dem Zusammenspiel der einzelnen funktionalen Logistikbereiche. Daraufhin wird die Definition, die Funktionsweise und die Akteure der Blockchain beschrieben. Nachdem die Grundlagen erläutert wurden, werden die Voraussetzungen behandelt, welche erfüllt sein müssen, damit die Blockchain in der Logistik

---

[1] Vgl. https://bitcoin.org/bitcoin.pdf, Zugriff am 29.08.18.
[2] Vgl. https://www.eft.com/content/supply-chain-hot-trends-q1-q2-2018, Zugriff am 26.08.18.

eingesetzt werden kann. Anschließend werden mögliche Use Cases für die verschiedenen Logistikbereiche beschrieben. In Kapitel 2.6. werden die herausgearbeiteten Mehrwerte aus den Use Cases abstrahiert und die Implementierung der Blockchain diskutiert. Im letzten Kapitel wird ein Fazit aus den gewonnenen Erkenntnissen gezogen, sowie die Arbeit reflektiert und ein Ausblick gegeben.

1.5 Motivation

Das Thema Blockchain in der Logistik wählte ich aus Zwei Gründen. Zum einen durch berufliches Interesse welches durch meine 6-jährige Tätigkeit bei Locanis AG entstand. Wir entwickeln ein standardisiertes Lagerverwaltungssystem und seit kurzem auch eine Onlineplattform inklusive der Hardware für Trackingsysteme von Containern. Deshalb konnte ich bereits viel Erfahrung im Bereich Logistik und deren Herausforderung sammeln. Der zweite Grund ist persönliches Interesse. Meiner Meinung nach wird die Blockchain die IT und alle anderen Branchen so wie sie ist oder in ähnlicher Form revolutionieren.

2. Hauptteil

2.1 Methodisches Vorgehen

Durch Onlinerecherchen wurde zuerst die Grobgliederung erstellt. Es wurde hauptsächlich in der EBSCO Discovery Services Datenbank, der online sowie offline Datenbank der Bayrischen Staatsbibliothek, in Google Scholar und mithilfe von Google recherchiert. Die Schlüsselwörter für die initiale Recherche waren Block Chain und Logistik. Aus der Literatur der ersten Recherche bildeten sich vor allem weitere Begriffe aus dem Bereich Blockchain heraus. Die neuen Begriffe wurden in einer Mindmap grafisch verknüpft. Auf Basis der Mindmap wurden die Grundlagen Kapitel 2.2 bis 2.4 erstellt. Diese Begriffe waren Konsortium-Algorithmus, Smart Contracts, Dapps, IoT, Nonce, Hash, Private Public Key und Bitcoin. Auf Basis der gefundenen Literatur wurde die Arbeit erstellt. Die Gliederung wurde während der Ausarbeitung angepasst.

2.2 Logistik

Die Logistik kann institutionell sowie funktional abgegrenzt werden. Bei der institutionellen Abgrenzung wird in Makro-, Mikro- und Mesologistik unterschieden. Unter der Makrologistik wird beispielsweise der gesamte Güterverkehr einer Volkswirtschaft verstanden. Die Mikrologistik beschreibt die logischen Systeme eines Unternehmens. Mesologistik beschreibt die Logistik verschiedener Unternehmen, wobei diese nicht mit der Makrologistik verwechselt werden darf, weil sie weder den ganzen Güterverkehr einer Volkswirtschaft noch den eines einzelnen Unternehmens beschreibt. Somit liegt sie zwischen der Makro- und Mikrologistik. [3] Die funktionalen Bereiche der Unternehmenslogistik beinhaltet die Beschaffungs-, Produktions-, Distributions-, Entsorgungs- und Ersatzteillogistik. Bei der Beschaffungslogistik werden notwendige Güter und Rohstoffe für das Beschaffungslager bezogen. In der Produktionslogistik fließen diese Güter und Rohstoffe aus dem Beschaffungslager in die Produktion. Sie beinhaltet ebenfalls den Fluss der fertigen oder halbfertigen Produkte in das Absatzlager. Die Distributionslogistik verbindet die Produktionslogistik des Unternehmens und die Beschaffungslogistik des Kunden. Bei der Entsorgungslogistik verläuft der Güterfluss zusätzlich entgegengesetzt zu den vorher erläuterten Logistikbereichen. Sie sorgt für die Rückführung von Rückständen in die Produktion. Rückstände sind Retouren, Verpackungen und Behälter. Ebenfalls Bestandteil ist das Entsorgen von Abfällen. Die Ersatzteillogistik beschreibt zum einen die Logistik für die Instanthaltung der eigenen Maschinen, sowie die Ersatzteile für den Kunden.[4]

Abbildung 1: Funktionale Systeme der Logistik

Quelle: in Anlehnung an Groß, C., Pfenning, R., Professionelle Softwareauswahl und -einführung in der Logistik, 2017 S 34|

---

[3] Vgl. Pfohl, H.-C. Logistiksysteme, 2018, S. 14-15.
[4] Vgl. ebd. S. 16-17.

4

2.3 Blockchain Technologie

2.3.1 Definition

Die Blockchain ist eine dezentrale Datenbank und eine Ausprägung von DLT (Distributed Leger Technologien). Jeder Benutzer kann pseudonymisiert die Transaktionen durchführen und validieren. Deshalb wird kein Intermediär wie eine Bank benötigt. Transaktionen werden in sogenannte Blocks zusammengefügt und miteinander verbunden. Dadurch entsteht eine Aneinanderkettung von Blöcken, wodurch die Transaktionen in zeitlich geordneter Reihenfolge dargestellt wird. Jeder Benutzer kann den Inhalt der Blöcke einsehen wodurch absolute Transparenz gewährleistet werden kann.[5] Die Daten können nicht im Nachhinein verändert werden.

2.3.2 Versionen

Die Blockchain ist in verschiedene Versionen unterteilt. Die erste Version wird als Version 1.0 bezeichnet. In dieser Version wird die Blockchain als Zahlungsabwicklung für Kryptowährungen verwendet. Die Version 2.0 umfasst die Abwicklung, sowie Erfassung von digitalen Vermögensgegenständen und Verträgen. In der Version 3.0 werden die Blockchain Applikationen über den Finanzsektor hinaus, unter anderem im Gesundheitswesen, der Regierung und der Wissenschaft, verwendet.[6][7]

2.3.3 Transaktionen

Die Blockchain verwendet eine asymmetrische Verschlüsselung, um sichere Transaktionen von Token durchzuführen und die Validität zu prüfen. Ein Token kann zum Beispiel eine Kryptowährung sein. Sender und Empfänger haben jeweils einen Public- und einen Private Key. Der Public Key ist öffentlich und der Private Key ist nur dem jeweiligen Benutzer bekannt und somit geheim.[8] Der Public- und Private Key besitzen einen Mathematischen Zusammenhang und werden deshalb nur als Paar erzeugt.[9]

---

5 Vgl. https://wirtschaftslexikon.gabler.de/definition/distributed-ledger-technologie-dlt-54410, Zugriff am 21.08.18.
[6] Vgl. Sixt, E. Bitcoins und andere dezentrale Transaktionssysteme, 2017, S. 9.
[7] Vgl. Swan, M. Blockchain, 2015, S. ix.
[8] Vgl. Sixt, E. Bitcoins und andere dezentrale Transaktionssysteme, 2017, S. 37-38.
[9] Vgl. Brühl, V. Bitcoins, Blockchain und Distributed Ledgers, 2017, S. 2.

Vor Erzeugung der Transaktion erstellt der Sender ein neues Schlüsselpaar. Die Transaktion beinhaltet die Zieladresse, den Betrag sowie die Transaktionsreferenz. Diese Referenz beinhaltet alle vorhergehenden Transaktionen der Daten, sodass der Sender beweisen kann, dass er berechtigt ist diese Transaktion durchzuführen. Nun signiert er die Nachricht mit seinem Private Key und versendet die Daten zusammen mit dem Public Key an den Empfänger. Der Empfänger und das gesamte Netz kann nun mit der Signatur und dem Public Key den Sender eindeutig verifizieren. Des Weiteren kann mit den Transaktionsreferenzen geprüft werden, ob der Sender berechtigt war diese Transaktion durchzuführen.[10]

2.3.4 Konsensus-Algorithmus

Da in der Blockchain die Verwalter (Nodes) anonym sind, entsteht beim Validieren von Transaktionen ein Vertrauensproblem. Die Lösung sind Konsensus Algorithmen. Dadurch wird zwischen den Nodes ein Konsens erzeugt, sodass eine gemeinsame inhaltliche Version der Blockchain entsteht.[11] Es existieren folgende Konsensus Algorithmen:

2.3.4.1 Proof of Work (PoW)

Der Algorithmus Proof of Work (engl. für Arbeitsnachweis) wird unter anderem für die Bitcoin Blockchain verwendet. Es existieren hier sogenannte Miner. Diese Miner verifizieren die offenen Transaktionen und bilden Blocks daraus. Damit der Block in der Kette angenommen wird, muss der Miner nun einen Beweis für geleistete Arbeit erbringen, indem er einen Hash mit der richtigen Anzahl an Nullen erzeugt. Ein Hash ist eine zufällige Zahlenreihenfolge, welche durch einen Hash-Algorithmus und beliebig vielen nicht zufälligen Zahlenreihenfolgen erzeugt wird. Die Daten können nicht rekonstruiert werden. Um den Hash zu erzeugen benötigt der Miner den Hash des letzten mit der Blockchain verbundenen Blocks (Previouse Hash), den Root Hash (Merkle Tree) indem die Transaktionen des Blocks mehrmals gehasht sind, die Versionsnummer und einen Zeitstempel. Die Komponenten der vorherigen Aufzählung sind die festen Bestandteile für die Blockbildung. Der schwierige Teil ist, die noch nicht erwähnte Nonce. Diese Zahl

---

[10] Vgl. ebd.
[11] Vgl. https://www.btc-echo.de/tutorial/was-ist-proof-of-work-wie-funktioniert-konsens-mechanismus/, Zugriff am 22.08.18.

muss der Miner erraten. Das bedeutet der Miner nimmt den Previouse- und den Root Hash, sowie Versionsnummer und Zeitstempel und erstellt mit der unterschiedlichen Nonce immer wieder andere Hashes bis die Anzahl an Nullen stimmt. Als Anreiz dafür bekommen die Miner eine Belohnung in Form von Kryptowährung. Je höher die Anzahl an erforderlichen Nullen ist, desto schwieriger ist es die Nonce zu finden. Diese Anzahl wird dynamisch festgelegt. Wenn durchschnittlich unter 10 Minuten benötigt wird um die Nonce zu finden, wird die Schwierigkeit für die nächsten 2.016 Blöcke erhöht. Werden mehr als durchschnittlich 10 Minuten benötigt, wird die Schwierigkeit reduziert.[12] Das Raten ist sehr Ressourcen- und Zeitintensiv, wobei die Validierung der Nonce durch die anderen Teilnehmer nur wenig Aufwand erfordert.[13]

2.3.4.2 Proof of Stake (PoS)

Um das Ressourcenintensive Proof of Work abzulösen, wurde in einem viel zitierten Forum Beitrag aus dem Jahre 2011 ein Vorschlag über Proof of Stake (engl. für Anteilsnachweis) beschrieben[14]. Bei diesem Algorithmus wird zufällig der nächsten Validator gewählt. Dieser ersetzt den Miner aus dem PoW Algorithmus. Er muss ein Pfand bzw. Stake einbezahlen. Wenn der Validator sich nun durch falsch validierte Transaktionen als Angreifer entpuppt, bekommt er seine Einlage nicht wieder.[15]

2.3.4.3 Proof of Elapsed Time (PoET)

Dieser Algorithmus stammt aus der Produkt Blockchain von Intel und ist mittlerweile ein Teil des HyperLedger Projects der Linux Fundation. Für Proof of Elapsed Time (engl. für Nachweis für verstrichene Zeit) wird eine Vertrauenswürdige Ausführungsumgebung benötigt. Dies wird auch Trusted Execution Environment (TEE) genannt. Ein Beispiel hierfür ist von Intel der Software Guard Extensions (SGX). Der Validierungsprozess funktioniert folgendermaßen. Auf allen Nodes wird der TEE ausgeführt. Nodes bekommen nach einer Anfrage an das TEE eine Wartezeit zugewiesen. Der Node mit der geringsten Wartezeit darf den Block erstellen und wird der sogenannte Leader. Andere Nodes können innerhalb der TEE einfach prüfen, ob der Node welcher sich als Leader ausgibt auch

[12] Vgl. Caetano, R. Learning Bitcoin, 2015, S. 97.
[13] Vgl. https://blockchainbasics.ch/proof-of-work/, Zugriff am 22.08.18.
[14] Vgl. https://bitcointalk.org/index.php?topic=27787.0, Zugriff am 22.08.18.
[15] Vgl. https://arxiv.org/pdf/1807.09626.pdf, Zugriff am 23.08.18.

wirklich die kürzeste Wartezeit bekommen hat. Für die Sicherheit und die Gewährleistung der Zufälligkeit sorgt das TEE.[16]

2.3.4.4 Sonstige Algorithmen

Erwähnenswert ist, dass es noch weitere Algorithmen gibt, auf die in dieser Arbeit nicht weiter eingegangen wird. Beispiele hierfür sind:[17]

- Proof of Trust
- Proof of Burn
- Proof of Capacity

2.3.5 Smart Contracts

Anders als bei der normalen Transaktion in der Blockchain, werden bei der Smart Contracts Technologie, Werte in Form von Daten oder Kryptowährung an den Smart Contract geschickt. Diese werden gehalten und nur wenn die Vertragsbedingungen erfüllt sind weitergeleitet. Das ist durch die Ethereum Plattform möglich, welche die Smart Contracts in Kombination mit der Blockchain anbietet. Es muss ein Account erstellt werden, der die Währung und die Smart Contracts verwaltet. Durch den Account Inhaber wird ein Smart Contract in Form eines Programmcodes erstellt. Die Ausführung des Codes wird mit der Währung Ether bezahlt.[18]

Softwarefehler bei Smart Contracts können fatale Folgen haben, was beim „THE DAO HACK" der Fall war.[19] Aus diesem Grund muss beim Programmieren und Testen besondere Vorsicht gelten.

---

[16] Vgl. https://www.persistent.com/wp-content/uploads/2018/02/wp-understanding-blockchain-consensus-models.pdf, Zugriff am 30.08.18

[17] Vgl. https://www.dev-insider.de/consensus-modelle-in-der-uebersicht-a-631671/, Zugriff am 22.08.18.

[18] Vgl. Meitinger, T. H. Smart Contracts, 2017, S. 371f.

[19] Vgl. https://www.wired.de/collection/business/wie-aus-dem-hack-des-blockchain-fonds-dao-ein-wirtschaftskrimi-wurde, Zugriff am 25.08.18.

2.3.6 Dezentralisierte Applikation (Dapp)

Wie der Name schon impliziert, ist eine Dapp eine dezentralisierte Applikation. Sie muss folgende Kriterien erfüllen:[20]

1. Die Applikation ist Open Source
2. Damit Änderungen am Programmcode nur durch die Mehrheit der User entschieden werden können, darf kein User mehr als 51% der Token besitzen.
3. Daten und Historie werden kryptografisch auf einer öffentlichen dezentralen Blockchain gespeichert, um einen „single point of failure" zu vermeiden.
4. Die Applikation verwendet einen kryptografischen Token, welcher für den Zugriff auf die Anwendung benötigt wird. Beiträge von Minern werden mit Token belohnt.
5. Die Applikation erstellt Token basiert auf ihrem Konsensus Algorithmus.

Dapps haben Ähnlichkeiten mit einer klassischen Web Applikation, wobei sie die Blockchain als Datenbank verwenden. Die einfachste Form einer Dapp ist der in Kapitel 2.3.5 erläuterte Smart Contract.[21]

2.3.7 Blockchain Kategorien

2.3.7.1 Public Blockchain

Eine Public Blockchain ist für jeden weltweit einsehbar und jeder kann sich daran beteiligen. Anreiz für den Aufwand der Validierung bietet die Belohnung von Proof of Work oder Proof of Stake. Anreiz für die Verwendung bietet die Sicherheit sowie die Transparenz. Die Schreibberechtigung dieser Blockchain Kategorie ist vollständig dezentralisiert.[22]

---

[20] Vgl. https://github.com/DavidJohnstonCEO/DecentralizedApplications/blob/master/README.pdf/blob/master/README.pdf, Zugriff am 23.08.18.
[21] Vgl. Filipova, N. BLOCKCHAIN- AN OPPORTUNITY FOR DEVELOPING NEW BUSINESS MODELS., 2018, S. 83.
[22] Vgl. https://blog.ethereum.org/2015/08/07/on-public-and-private-blockchains/, Zugriff am 22.08.18.

2.3.7.2 Private Blockchain

Diese Kategorie wird nur von einer Organisation verwaltet. Leseberechtigungen können öffentlich gemacht werden. Die Schreibberechtigung dieser Blockchain Kategorie ist zentralisiert.

2.3.7.3 Konsortium Blockchain

Diese Art von Blockchains sind ein Zusammenschluss von verschiedenen Instituten. Jedes Institut besitzt einen Node. Die Verifizierung wird nur von diesen Nodes durchgeführt. Die Daten der Blockchain können der Öffentlichkeit zur Verfügung gestellt werden. Die Schreibberechtigung dieser Blockchain Kategorie ist teilweise dezentralisiert.[23]

2.4 Vorbedingungen

Um in der Logistik eine Blockchain Technologie zu verwenden müssen gewisse Vorbedingungen erfüllt werden bzw. vorhanden sein. Diese werden in folgendem Kapitel erläutert.

2.4.1 Oracles

Die Blockchain hat keinen Zugriff auf externe Daten. Deshalb wird ein Bindeglied benötigt, damit die Logistik mit der Blockchain automatisiert funktionieren kann. Dafür werden sogenannte Oracles verwendet. Sie verifizieren die externen Informationen und übermitteln diese an die Smart Contracts oder Dapps in der Blockchain.[24]

Es gibt verschiedene Arten von Oracels, welche in noch keiner Fachliteratur genannt werden. Es gibt jedoch diverse Hersteller wie oraclize (oraclize.it) oder smartcontract (smartcontract.com/link):[25] [26]

- Software Oracles: Sie verarbeiten die Daten aus Onlineinformationen zum Beispiel Flugverspätungen.
- Hardware Oracles: Sie verarbeiten Daten aus Sensoren.

---

[23] Vgl. ebd.
[24] Vgl. https://blockchainwelt.de/blockchain-oracles-smart-contracts-informationen/, Zugriff am 24.08.18.
[25] Vgl. ebd.
[26] Vgl. https://www.btc-echo.de/tutorial/was-sind-oracles-auf-der-blockchain/, Zugriff am 24.08.18.

- Incoming Oracles: Arbeitet im Smart Contract und bekommt die Daten von der Außenwelt.

- Outgoing Oracles: Ermöglicht dem Smart Contract auf die Außenwelt zuzugreifen wie zum Beispiel den Zugang zu einem Hotelzimmer, sobald die Zahlung erfolgt ist.

- Consensus Oracles: Mehrere Oracles bilden einen gemeinsamen Konsens. Hier können einzelne Oracles unterschiedlich priorisiert, weil es zum Beispiel eine glaubwürdigere Quellen ist.

2.4.2 Sensoren & Aktoren

Mit Sensoren können die externen Einflüsse wie Hitze, Druck, Position, etc. erfasst und an die Oracles weiterleitet werden. Im Optimalfall haben die Sensoren eine dauerhafte Verbindung. Dafür muss der Sensor mobilfunkfähig sein. Des Weiteren ist es möglich ein zusätzliches Gerät zu verwenden, welches die Verbindung herstellt. Alternativ können die Daten auf dem Sensor gespeichert werden. Ein Beispiel hierfür ist ein RFID Transponder. Ein RFID Transponder kann die Daten senden, empfangen und speichern. Das Gegenstück ist der Reader (Lesegerät).[27] Mit diesem werden die Daten ausgelesen und an die Oracles weitergereicht.

Aktoren sind das Gegenstück zu den Sensoren. Sie wandeln elektrische Signale wieder in Physische Vorgänge um.[28] Somit können Steuerungsbefehle durch die Outgoing Oracles mit den Aktoren umgesetzt werden.

2.4.3 Internet of Things

Sensoren sind für die Vollständigkeit der Daten in der Blockchain unabdingbar. Durch das Fortschreiten des Internet of Things (engl. für Internet of Things, IoT), könnte die Infrastruktur schon vorhanden sein. IoT ist ein Netz aus hunderten Objekten, die durch Sensoren Daten erzeugen. Diese Daten werden untereinander geteilt, sowie zur Auswertung und Steuerung an weiterführende Systeme verteilt.[29] Objekte können unter anderem

---

[27] Vgl. https://www.bundestag.de/blob/426630/984f156e82d71cbe4c6b17c9e5711e2f/wd-5-232-06-pdf-data.pdf, Zugriff am 29.08.18.
[28] Vgl. Vogel-Heuser, B. Herausforderungen und Anforderungen aus Sicht der IT und der Automatisierungstechnik, 2014, S37
[29] Vgl. Berte, D.-R. Defining the IoT, 2018, S. 1.

Handys, Smartwatches oder Kühlschränke sein. Für die Logistik sind LKWs, Maschinen, Schiffe, das zu Transportierende Gut etc. interessanter.

Es muss jedoch erwähnt werden, dass das Internet of Things ebenfalls wie die Blockchain eine junge Technologie ist. Sie wurde erst in einer Umfrage 2018 von 47% der Befragten zu einer der Technologietrends gezählt, die den ITK Markt prägen werden.[30]Somit liefert sie je nach Unternehmen keine oder nur eine Teilweise vorhandene Infrastruktur für den Einsatz der Blockchain in der Logistik.

2.4.4 Unternehmensübergreifende Anbindung

Damit die Blockchain eine hohe Transparenz hat und sie alle Informationen vollständig enthält, muss jede Instanz, die in der Wortschöpfungskette beteiligt ist, an dieser angebunden sein. Instanzen können beispielsweise Behörden wie der Zoll oder Umschlagplätze wie Häfen sein. Das hat Maersk und IBM in ihrem Piloten Project gemacht.[31] Die Anbindung ist keine direkte Anbindung an die beteiligten Unternehmen, sondern ausschließlich an die Blockchain. D.h. es Fallen für Unternehmen, die bereits in der Blockchain sind, keine teuren kosten und Risiken durch Systemveränderungen oder Schnittstellenimplementierung an.

2.5 Use Case

In den Kapiteln 2.2 bis 2.4 wurde die Logistik, die Blockchain und die Bindeglieder Internet of Things, Oracles und Sensoren erläutert. Basiert auf den theoretischen Grundlagen, wird im folgenden Kapitel veranschaulicht, wie die Blockchain Technologie in den verschiedenen funktionalen Bereichen der Logistik eingesetzt werden kann und mit praktischen Anwendungsbeispielen dargelegt.

2.5.1 Beschaffungslogistik

In der Beschaffungslogistik sind meist externe Anbieter involviert die Rohstoffe oder halbfertige Waren liefern. Es ist wichtig das die Güter ihren Eigenschaften entsprechend behandelt werden. Bei temperatursensitiven Produkten darf die Kühlkette zum Beispiel

---

[30] Vgl. https://www.bitkom.org/Presse/Presseinformation/Blockchain-wird-zu-einem-Top-Thema-in-der-Digitalwirtschaft.html, Zugriff am 28.08.18.

[31] Vgl. https://www-03.ibm.com/press/us/en/pressrelease/51712.wss, Zugriff am 25.08.18.

nicht unterbrochen oder bei zerbrechlichen Produkten dürfen bestimmte G-Kraft Schwellwerte nicht überschritten werden. Wenn dies nicht sichergestellt wurde, können Zahlungen automatisch durch den Smart Contract abgelehnt oder je nach Vertrag ein Rabatt gewährt werden. Bei Just-In-Time oder Just-in-Sequenz Prozessen können so auch bei Verspätungen, Rabatte oder Strafen automatisiert abgerechnet werden. Auch bei normalen Zahlungsabwicklungen ohne Vertragsbrüche können die Zahlungen automatisch abgewickelt werden.

Durch die Blockchain wird die Beschaffungslogistik transparent, weil die Datenhistorie im gesamten Herstellungsprozess gespeichert wird. Das bedeutet das sämtliche Vorstufen der Produkte und Rohstoffe unabhängig der Herkunft für jeden Beteiligten in der Wertschöpfungskette ersichtlich sind. Durch die Transparenz wird ebenfalls die Verhandlungsmacht erhöht, weil Zulieferer für die Beschaffung flexibler gewählt und bessere Einkaufspreise erzielt werden können.

Die transparenten Daten sind zudem Manipulationssicher, weil die Herkunft der Rohstoffe nicht verändert werden kann. Die Qualität kann somit sichergestellt und illegale Handlungen beim Gewinnen von Rohstoffen ausgeschlossen werden.[32]

2.5.2 Produktionslogistik

Die Produktionslogistik besteht aus den Transporten vom Beschaffungslager in die Produktion, sowie von der Produktion in das Distributionslager. Hier gibt es Übergabeflächen der Vorprodukte auf die Förderbänder in die Produktion oder die darauffolgenden Ausgaben der Waren. In beiden Fällen können durch Dapps die Übergabeflächen verwaltet werden. Im Falle der Übergabe in die Produktion können die Dapps durch Sensoren Daten prüfen und feststellen, ob die richtige Ware vom Flurförderfahrzeug angeliefert wurde. Außerdem werden die Daten der Waren in der Blockchain mit den Produktionsdetails aktualisiert. Bei der Ausgabe der Ware können Dapps die Aufträge zur Abholung auslösen, den Lagerbestand aktualisieren und Zahlungsabwicklungen durchführen oder anstoßen.[33]

---

[32] Vgl. http://www.blockchain-infos.de/blockchain-logistik/, Zugriff am 24.08.18.
[33] Vgl. https://morethandigital.info/blockchain-moeglichkeiten-und-anwendungen-der-technologie/, Zugriff am 24.08.18.

13

2.5.3 Distributionslogistik

In der Distributionslogistik können die eingehenden Auftrags- und Bestellabwicklungen durch die Smart Contracts und Dapps automatisch abgewickelt werden. Bei Lieferungen in das Ausland, kann ebenfalls die Zollabfertigung mit eingebunden werden. Das hat beispielsweise IBM und Maersk in ihrem gemeinsamen Projekt bereits umgesetzt.[34]

2.5.4 Entsorgungslogistik

Auch in der Entsorgungslogistik bringt die Transparenz der Blockchain einen Mehrwert. Schäden, die durch den Transport des Kunden entstanden sind, können bewiesen werden und somit entstehen keine unnötige Rückabwicklungskosten. Die Bezahlungsabwicklung von validen Rückabwicklungen kann durch Smart Contracts automatisiert werden. Die Anzahl von Verwendungen der Produktionsboxen und Behältnissen können in der Blockchain nachverfolgt werden. Somit werden die Risiken, welche durch zu spät aussortierten Produktionsboxen und Behältnisse verursacht wurden minimiert.

2.5.5 Ersatzteillogistik

In der Ersatzteillogistik können Smart Contracts eingesetzt werden, um den Bestand für den Kunden zu sichern und somit die vereinbarten Lieferzeiten im Bedarfsfall zu gewährleisten. Es können außerdem selbst benötigte Ersatzteile durch Smart Contracts in bestimmten Intervallen bestellt werden.

Durch die Blockchain könnte der Einsatz von gefälschten Ersatzteilen und das Risiko, welches dadurch entsteht minimiert werden. Bei einer Umfrage von 136 Unternehmen im Bereich Maschinen und Anlagenbau gaben 71% an, dass sie durch Produktpiraterie betroffen sind.[35]

---

[34] Vgl. https://www-03.ibm.com/press/us/en/pressrelease/51712.wss, Zugriff am 25.08.18.
[35] Vgl. https://de.statista.com/statistik/daten/studie/157543/umfrage/von-produktpiraterie-betroffene-im-maschinen--und-anlagenbau/, Zugriff am 29.08.18.

14

2.5.6 Privatkunde

Neben den Unternehmen kann auch der Privatkunde seine Vorteile aus der Verwendung der Blockchain in den funktionalen Logistikbereichen ziehen. Er kann die Originalität oder Herkunft eines Produktes feststellen, sofern das Unternehmen in einer öffentlich zugänglichen Blockchain arbeitet oder eine demensprechende Dapp zu Verfügung stellt. Besonders vorteilhaft ist dies beispielsweise bei Medikamenten, welche zu gesundheitlichen Schäden führen können. Ein weiteres Beispiel ist, dass gefälschte und dadurch oft auch gesundheitsschädliche Kleidung identifiziert werden.[36] Wenn die Sensoren eine dauerhafte Verbindung mit den Oracles haben, können die Kunden in Echtzeit ihre Bestellung verfolgen. Besonders interessant ist dies am Liefertag.

2.6 Auswertung und Diskussion

Die Blockchain schafft in der Logistik Mehrwerte für alle beteiligten Parteien. Durch ihre Verschlüsselung und kryptografische Vorgehensweise schafft sie Vertrauen. Ebenfalls werden Daten dezentral, transparent und manipulationssicher. Angriffe, in Form von falschen Transaktionen, sind gut zu erkennen und somit verhinderbar. Um das Risiko noch weiter zu minimieren können mit Partnerunternehmen eine Konsortium Blockchain statt einer Public Blockchain erstellt werden. Die Dezentralisierung schafft eine Ausfallsicherheit und es kann auf teure Backup Lösungen verzichtet werden. Es gibt einige Anwendungsbeispiele, die zeigen wie die Technik eingesetzt werden kann. Die Automatisierung durch Smart Contracts spart Ressourcen, wodurch Kosten eingespart und Prozesse effizienter werden. Es werden ausfallsichere und manipulationssichere Anwendungen ermöglicht Diese Dapps kann auch Endkunden verwenden. Durch Sensorik und den Oracle können Informationen in die Blockchain übernommen werden, damit im besten Fall die Ware in Echtzeit überwacht werden kann. Diese Informationen können zur optimalen Steuerung der Warenströme beitragen. Mit Oracle lassen sich auch Daten von der Blockchain extrahieren wodurch weiterführende Systeme wie ERP-Systeme mit Informationen versorgt werden können. Somit lassen sich die Vorteile Transparenz von historischen- und Echtzeitdaten, Manipulationssicherheit, Kosteneinsparung, Ausfallsicherheit und das Vertrauen in die Technik zusammenfassen.

---

[36] Grigori, K. M. Prävention und Bekämpfung von Marken- und Produktpiraterie, 2014, S. 11.

Trotz der vielen Mehrwerten und Einsatzmöglichkeiten dürfen die Herausforderungen der Implementierung nicht auf die leichte Schulter genommen werden. Es setzt voraus, dass alle Produkte mit entsprechenden Sensoren ausgestattet werden. Das würde bedeuten das Kosten für die Sensoren sowie das Lese- und Schreibequipment entstehen und es ggf. Anlagenumbauten zur Folge hat. Vorteile können bereits vorhandene IoT Systeme schaffen.

Die Qualität der Sensordaten ist auch ein Risiko, da die Daten die in der Blockchain gespeichert und weiterverarbeitet werden, auch nur so zuverlässig sind, wie die Zuverlässigkeit der Sensoren. Somit sind die Sensoren immer noch ein „single point of failure". Die Anbindung der Unternehmen ist zudem ein wichtiger Faktor. Nur dadurch kann der Produktherstellungsprozess bis zum Ursprung zurückverfolgt werden. Die Umsetzung kann jedoch in Schwellen- und Entwicklungsländern schwierig sein, nachdem wahrscheinlich die einfachste IT-Infrastruktur fehlt. Auch für Klein- und Mittelständische Unternehmen könnte es problematisch werden, da sie möglicherweise durch die Prozesse der Partnerunternehmen gezwungen sind, die Blockchain zu implementieren, aber die Kosten dafür nicht tragen können.

3. Schluss

3.1. Fazit

Die Blockchain wird immer präsenter. Grund hierfür ist zum einen der in der Einleitung erwähnte Wertanstieg der Kryptowährungen, zum anderen der Mehrwert für alle Beteiligten Akteure, welcher durch diese Arbeit ersichtlich wird. Die Einsatzmöglichkeiten in der Logistik sind zahllos. Es bringt vor allem manipulationssichere Transparenz worauf effizientere und genauere Entscheidungen getroffen werden und Prozesse automatisiert gesteuert werden können. Somit ist die Blockchain in der Logistik gut einsetzbar, sobald die Hürden der Anbindung von Unternehmen und Kosten sowie Risiken, die durch die Sensorik entstehen, gelöst werden.

3.2. Reflektion

Nachdem die Anwendungsbereiche der Blockchain eher unternehmensübergreifend sind, war es schwierig die Praxisbezüge nur auf die Unternehmenslogistik einzuschränken. Die

Recherche von Fachliteratur ergab keine zufriedenstellenden Ergebnisse, sodass ich auf einige Internetquellen zurückgreifen musste. Um die Richtigkeit der Inhalte zu prüfen wurden themenbezogenen Internetquellen verglichen.

Eine Unternehmensumfrage zum Thema Blockchain wäre interessant gewesen. Der zeitliche Aufwand der Erstellung, Prüfung und Auswertung einer solcher Umfragen wäre jedoch zu hoch gewesen.

Wegen der Komplexität des Bereiches, wurde der Datenschutz in dieser Arbeit nicht behandelt. Ebenfalls wurden bekannten Angriffsvektoren nicht beschrieben.

3.3. Ausblick

Die Blockchain ist eine junge Technologie, weshalb die Seminararbeit schon ein gewisser Ausblick, was unter bestimmten Voraussetzungen möglich wäre, ist. Aus diesem Grund können sich erst zukünftige Anwendungsmöglichkeiten herauskristallieren, wenn mehr Erfahrungen gesammelt wurden.

In Sachen Kryptografie muss für die Blockchain Technologie eine Lösung gefunden werden. Sie ist theoretisch durch Quantencomputer angreifbar. Ein Konzept hierfür wurde bereits in einem Whitepaper vorgestellt.[37] Dieses Problem setzt voraus, dass für die Praxis verwendbare Quantencomputer existieren, was aktuell nicht der Fall ist.

Auch das Internet of Blockchain könnte nach dem Einsatz der Blockchain in der Praxis mehr in den Fokus rücken. Darunter wird ein Netz aus Blockchains verstanden, welches untereinander Informationen und Tokens austauschen kann.[38] Somit könnten Unternehmen eine Private Blockchain weltweit verwenden und nur die Informationen mit partnerunternehmen teilen, die sie definieren.

---

[37] https://github.com/theQRL/Whitepaper/blob/master/QRL_whitepaper.pdf, Zugriff am 29.09.18
[38] https://perfectial.com/blog/internet-of-blockchains/, Zugriff am 29.08.18

Literaturverzeichnis

Berte, Dan-Radu (IoT, 2018): Defining the IoT, in: Proceedings of the International Conference on Business Excellence, Nr. 1 (2018): S. 118–128

Brühl, Volker (Bitcoin, 2017): Bitcoins, Blockchain und Distributed Ledgers, in: Wirtschaftsdienst, Nr. 2, S. 135–142

Caetano, Richard (Bitcoin, 2015): Learning Bitcoin - Embrace the new world of finance by leveraging the power of crypto-currencies using Bitcoin and the Blockchain, Birmingham, UK: Packt Publishing, 2015

Filipova, Nadezhda (Blockchain, 2018): BLOCKCHAIN- AN OPPORTUNITY FOR DEVELOPING NEW BUSINESS MODELS., in: Business Management / Biznes Upravlenie, S. 75–92

Grigori, Klaus Michael (Produktpiraterie, 2014): Prävention und Bekämpfung von Marken- und Produktpiraterie - Leitfaden für Analysen, Ermittlungen und Schutzstrategien, Wiesbaden: Springer Gabler, 2014

Groß, Christoph; Pfenning, Roland (Logistik, 2017): Professionelle Softwareauswahl und -einführung in der Logistik, Wiesbaden: Springer Gabler, 2017

Meitinger, Thomas Heinz (Smart Contracts, 2017): Smart Contracts, in: Informatik-Spektrum, Nr. 4, S. 371–375

Pfohl, Hans-Christian (2018): Logistiksysteme - Betriebswirtschaftliche Grundlagen, 9., neu bearbeitete und aktualisierte Auflage, Berlin: Springer Vieweg, 2018

Sixt, Elfriede (2017): Bitcoins und andere dezentrale Transaktionssysteme - Blockchains als Basis einer Kryptoökonomie, Wiesbaden: Springer Gabler, 2017

Swan, Melanie (2015): Blockchain - Blueprint for a new economy, 1. ed., Beijing: O'Reilly, 2015

Vogel-Heuser, Birgit (2014): Herausforderungen und Anforderungen aus Sicht der IT und der Automatisierungstechnik, in: Bauernhansl Thomas/Hompel Michael ten/Vogel-Heuser Birgit (Hrsg.), Industrie 4.0 in Produktion, Automatisierung und Logistik. Anwendung, Technologien, Migration, 2014, S. 36–48

Internetquellen

Baliga, Arati (Blockchain, 2017): Understanding Blockchain Consensus Models, <https://www.persistent.com/wp-content/uploads/2018/02/wp-understanding-blockchain-consensus-models.pdf> (April 2017) [Zugriff am 30.08.18 12:14 MESZ]

Biederbeck, Max (DAO-Hack, 2016): Der DAO-Hack: Ein Blockchain-Krimi aus Sachsen, <https://www.wired.de/collection/business/wie-aus-dem-hack-des-block-chain-fonds-dao-ein-wirtschaftskrimi-wurde> (21.11.2016), [Zugriff am 25.08.18 16:18 MESZ]

Bitkom (Digitalwirtschaft, 2018): Blockchain wird zu einem Top-Thema in der Digitalwirtschaft, <https://www.bitkom.org/Presse/Presseinformation/Blockchain-wird-zu-einem-Top-Thema-in-der-Digitalwirtschaft.html> (20.02.2018), [Zugriff am 28.08.18 16:53 MESZ]

BTC-ECHO (Konsens-Mechanismus, keine Datumsangabe): was ist Proof-of-Work und wie funktioniert der Konsens-Mechanismus, <https://www.btc-echo.de/tutorial/was-ist-proof-of-work-wie-funktioniert-konsens-mechanismus/> (keine Datumsangabe), [Zugriff am 22.08.18 12:26 MESZ]

Buterin, Vitalik (Kategorien, 2015): On Public and Private Blockchains, <https://blog.ethereum.org/2015/08/07/on-public-and-private-blockchains/> (06.08.2015), [Zugriff am 22.08.18 22:30 MESZ]

Demush, Rostyslav (Blockchains, 2017): Internet of Blockchains: How Networks of Distributed Ledgers Will Enable Scalability and Cross-Chain Value Exchange, <https://perfectial.com/blog/internet-of-blockchains/> (22.11.2017), [Zugriff am 29.08.18 18:13 MESZ]

eft (Trends, 2018): Supply Chain Hot Trends Q1 & Q2 2018, <https://www.eft.com/content/supply-chain-hot-trends-q1-q2-2018> (2018), [Zugriff am 26.08.18 10:27 MESZ]

George Gui, Ali Hortaçsu, José Tudón (Proof-of-Stake, 2018): AMemoontheProof-of-StakeMechanis, <https://arxiv.org/pdf/1807.09626.pdf> (14.06.2018), [Zugriff am 23.08.18 12:00 MESZ]

Johnston, David et al. (Dapps, 2014): The General Theory of Decentralized Applications, Dapps, <https://github.com/DavidJohnstonCEO/DecentralizedApplications/blob/master/README.pdf/blob/master/README.pdf> (17.04.2014), [Zugriff am 23.08.18 11:42 MESZ]

Lang, Mirco (Consensus, 2017): Consensus-Modelle in der Übersicht, <https://www.dev-insider.de/consensus-modelle-in-der-uebersicht-a-631671/> (11.08.17), [Zugriff am 22.08.18 15:54 MESZ]

Metzger, Jochen (DLT, keine Datumsangabe): Distributed Ledger Technologie (DLT), <https://wirtschaftslexikon.gabler.de/definition/distributed-ledger-technologie-dlt-54410> (keine Datumsangabe), [Zugriff am 21.08.18 15:26 MESZ]

o.V. (proof-of-work, keine Datumsangabe): proof-of-work, <https://blockchainbasics.ch/proof-of-work/> (keine Datumsangabe), Zugriff am 22.08.18 13:56 MESZ] o.V. (Oracles, keine Datumsangabe): Was sind Oracles auf der Blockchain?, <https://www.btc-echo.de/tutorial/was-sind-oracles-auf-der-blockchain/> (keine Datumsangabe), [Zugriff am 24.08.18 20:31 MESZ]

o.V. (RFID, 2016): Radio Frequency Identification (RFID) - Wirtschaftlichkeit und gesetzliche Regelungen, <https://www.bundestag.de/blob/426630/984f156e82d71cbe4c6b17c9e5711e2f/wd-5-232-06-pdf-data.pdf> (23.11.2016), [Zugriff am 29.08.18 12:00 MESZ]

o.V. (IBM, 2017): Maersk and IBM Unveil First Industry-Wide Cross-Border Supply Chain Solution on Blockchain, <https://www-03.ibm.com/press/us/en/pressrelease/51712.wss> (25.03.2017), [Zugriff am 25.08.18 16:42 MESZ]

QuantumMechanic (Proof-of-stake, 2011): Proof of stake instead of proof of work, <https://bitcointalk.org/index.php?topic=27787.0> (11.07.2011), [Zugriff am 22.08.18 17:01 MESZ]

Satoshi Nakamoto (Bitcoin, 2008): Bitcoin: A Peer-to-Peer Electronic Cash System, <https://bitcoin.org/bitcoin.pdf> (01.11.2008), [Zugriff am 29.08.18 12:00 MESZ]

Schiller, Kai (Oracles, 2018): Blockchain Oracles - Informationen von außen integrieren, <https://blockchainwelt.de/bloc kchain-oracles-smart-contracts-informationen/> (09.05.2018), [Zugriff am 24.08.18 20:24 MESZ]

Statista (Produktpiraterie, 2018): Maschinenbau - Umfrage zur Betroffenheit von Produktpiraterie-bis-2018, <https://de.statista.com/statistik/daten/studie/157543/umfrage/von-produktpiraterie-betroffene-im-maschinen--und-anlagenbau/> (2018), [Zugriff am 29.08.18 12:10 MESZ]

Streichert, Dennis (Blockchain, keine Datumsangabe): Blockchain – Game Changer in der Logistik, <http://www.blockchain-infos.de/blockchain-logistik/> (keine Datumsangabe), [Zugriff am 24.08.18 12:18 MESZ]

Talin, Benjamin (Blockchain, 2018): Blockchain - Möglichkeiten und Anwendungen der Technologie - Blockchain und Smart Contracts haben grosse Potentiale und viele Anwendungsmöglichkeiten, <https://morethandigital.info/blockchain-moeglichkeiten-und-anwendungen-der-technologie/> (23.07.2018), [Zugriff am 24.08.18 12:25 MESZ]

Waterland, Peter (QRL, 2017): Quantum Resistant Ledger (QRL), 2017, <https://github.com/theQRL/Whitepaper/blob/master/QRL_whitepaper.pdf> (2017), [Zugriff am 29.09.18 17:29 MESZ]